不安なあなたが
ゆっくりラクになるメッセージ

LICO

主婦の友社

まえがき

私は2014年8月から「子どものこころが穏やかに育つ魔法の育児法」というブログを書き続け、書籍にもしていただきましたが、読者の方から、

「私が母親に言ってほしかったこと、してほしかったことが書かれていて、もう一度自分を育ててもらっているような感覚になりました」

「私もこんなふうに愛されていたんだと改めて気づくことができました」

「私も愛してもらった気持ちになりました」

というメッセージを、ありがたくもたくさんいただいています。

ブログや本では「子ども」の目線で子どもの欲しい言葉や想いを書いてきましたが、ふとした瞬間に
「ブログや本に記されている『子ども』は『自分』でもある」

ということが読者の方たちの心に触れてもらえたのではないかと思うと、そんな読者の方たちのメッセージを読むたびにとてもうれしくなりました。

なので、ママたちを通してすべての子どもたちにこのメッセージが届いたらいいなぁ、そして、他でもないあなたの心にも届いたらいいなぁ、と、そう祈りながらブログを書き続けてきました。そして今回、その想いを詰め込んだメッセージブックを書かせていただく機会を頂戴《ちょうだい》できたのです。

情報過多で混沌《こんとん》としているこんな時代だからこそ、子どもに本当に必要なもの、あなたが本当に欲しいもの、心の真ん中が欲しがっているシンプルなものは何なのか、みなさんと一緒に見つけることができたらと思います。

子どもが生まれるまでは身近に子どもの存在を感じることが少ない人生を送ってきたママも多いのではないでしょうか。そんな中でも、初めて触れる子ども、初めて経験する育児に日々奮闘し、あれもこれも「私が完ぺきに頑張らなくては」と、周りにうまく甘えられず、両手が「べき」で埋まってしまって多くのことを抱え込みがちな、強くて弱い、優しいママたち。

ちょっと疲れてしまった時、少し休憩したくなった時、何だか苦しい時。そんな時には、目を閉じ、深呼吸をして、心を頭から遠く深い所へ離して、ゆっくりページをめくってみてください。

この本を読み終わった後、両手で包んで飲んだホットミルクのように、ほんの少しでもあなたの心の中に、ほんのり甘く残るものがあったなら、とてもうれしいです。

「疲れた」が口癖になりそうなあなたへ

子育ての最中に疲労を感じることもありますよね。思わず子どもたちの前で頻繁に「疲れた」と言ってしまい、そのことが子どもたちを不安にさせてしまっているのではと心配になるようなら、「疲れたー」と言った後に、

「なんでこんなにお荷物重いんだろうねー」

「今日はあれもやって、これもやって。たくさん頑張ったからママ疲れちゃったよー」

など、疲れた理由を具体的に声に出して教えてあげてください。その説明があるだけで、子どもは「自分が責められている」とは感じなくなるはずです。

私は疲れた時や、何だか気持ちに余裕がなくなりそうな時、普段の何でもな

い時でも、外出先のトイレの中やお風呂場などで、意識的に子どもたちに「ねぇねぇ」と声をかけ、子どもたちの前にしゃがみ、

「ママ、ちょっと元気ないから抱きしめさせてね。みんなのことぎゅーってしたら、ママ元気になれるから」

と伝えて、子どもたちを一人ひとり抱きしめるようにしています。そして、子どもの胸に顔を埋めて匂いをいっぱい吸い込んで、

「はぁー。やっぱりみんなのことぎゅーしたら、ママ、元気になった！　ありがとう」

と伝えています。これをすると子どもたちは本当にうれしそうに笑って、その後、いつもより優しい時間が流れます。親も子どもも気持ちがリセットされたように、心がまるくなるのです。このことは、ママの気持ちを冷静に落ち着けるだけでなく、子どもも「ママに必要とされている」ことを実感して自尊心が高まり、自己肯定感を育《はぐく》むことにもつながっているように思います。

ママが子どもに対して優しくなれない瞬間が訪れてしまっても、このやり取りがあることで、【ママが疲れている原因はあなたたちではない】ということを知っていてほしいし、何より「ぼくがいたらママは大変なんだ」ではなくて「ぼくがいたらママは元気になれるんだ」と、子どもたちには感じていてほしいのです。

とはいえ、気持ちに余裕がない時やイライラして爆発してしまったその瞬間にはなかなかそうもいきません。だからこそ、気持ちに余裕がある時の普段何気ない時間のこんなやり取りを大切にしているのです。

何てことない日常のやり取りに、子どもは安心したり喜んだり、愛を感じたりするのではないでしょうか。ママの笑顔と愛を取り戻すためにも、子どもたちをたくさん抱きしめてみてください。

疲れている時こそ声に出す
子どもたちの存在に感謝する

子どもの「イヤ！」に困惑しているあなたへ

　息子の「イヤ！」が増えてきた頃、トイレが終わってズボンを穿《は》き終わった時などの触れ合うタイミングで、「ん〜。おーちゃん大好きよ。おーちゃん大事よ」と抱きしめたり、抱っこしたりすることを意識的にしていました。上手く気持ちを言葉で伝えられない歯がゆさや、自分の思い通りにできないことへの焦りやイライラのようなものを「イヤ！」としか表現できないそんな本人が、どうしたらいいのかわからなくていちばん困っているはずなので、「自分はこのままでも大丈夫なんだ」という気持ちで子どもの気持ちを満たしてあげられたらと思ったのです。

　こういう時、「イヤ！」が増えた子どもに対してやり取りしにくくなってしまったと感じると、何だかこちらも素直になれなかったり優しくなれなかった

りしますよね。「イヤ！」と子どもが言っていない時も子どもと以前のように触れ合いにくくなったり、少しずつ気持ちの距離のようなものができてしまったりすることもあるかと思います。でも、気持ちの距離はカラダの距離。気持ちに距離ができてしまうと自然と触れ合いも減っていきます。そして子どもはその距離にとても敏感です。だからこそ「イヤ！」と言われて反発される時には、子どもを抱きしめましょう。どんなに子どもが反発していても、子どもが本当に望んでいることは、きっと「ママ、行かないで」「ママ、ここにいて」だと思うから。

もちろん気持ちに余裕がない時は、お互い冷静になるために子どもと少し離れて時間を置いたりすることも、大切なことだと思います。でも「イヤ！」と言われてイライラしてしまう時ではなくて、むしろママの気持ちに余裕がある時に意識的に子どもとのスキンシップを増やし、それを習慣にしてしまえば「イヤ！」と言われている時もすんなり抱っこしてあげたり、手を差し伸べやすい気持ちになると思うのです。このように、【気持ちに余裕がない時】をどうしようか考えるだけではなくて、【気持ちに余裕がある時のふとした時間の積み重ね】の中にこそ、回り回って【気持ちに余裕がない時に余裕を生み出すキッカケが隠れている】ことを見つけられたような気がします。

実際、スキンシップをそれまで以上に意識して取るようにしてから、息子の「イヤ!」の回数、ヒートアップの仕方が少しずつ減ったことを実感しました。でもそれ以上に、「イヤ!」と言っている息子をゆるやかな気持ちで面白く楽しんでしまえている自分にも気づいたのです。

もちろん子どものイヤイヤにはいろいろな理由がありますし、抱きしめることだけでそのイヤイヤのすべてではなくならないけれど、「大好きよ」と抱きしめている時の息子のくすぐったそうな笑顔を目にできることと、自分の気持ちを小まめになだらかにすることのためにも、肌の触れ合いはおすすめです。

気持ちに余裕があるうちに
たくさんスキンシップしておく

心に落ち着きが欲しいあなたへ

子どもたちが生まれてから何度となく抱きしめて嗅いできた匂い。どんな時も、無垢《むく》であったかくて、無防備なまでにまあるい匂い。子どもの匂いって、母親にとっては子どもとの記憶をすべて一瞬で呼び起こすような、嗅ぐだけで喉の奥、胸の奥がグッと詰まるような、愛しくて愛しくて何度でも嗅ぎたくなるような、自然に涙が溢《あふ》れてくるくらいに心を動かすような、そんなチカラがあるような気がします。

私は昔、なぜだか心がイガイガしていて、娘に優しくなれない日が続いたことがありました。そんな自分が本当に本当に嫌で、「嫌だな。嫌だな」「早くこの状態から抜け出したい」「早く前みたいに笑いたい」「明日は優しくなれるか

な」と、苦しんでいたのです。でも、ある夜にふと思いついて、

「ゆうちゃん。ちょっとママ、ゆうちゃんにぎゅーってしていい？」

と言って、一緒に布団の上に寝転び、ずーっと娘を抱きしめました。

すー。はー。すー。はー。娘の匂いを嗅ぎながら深呼吸していると、（あぁ。前は両腕の中に全身すっぽり収まるくらいだったのに、もう抱きしめても腕の中には収まりきらないくらいに大きくなっちゃったんだなぁ）と、娘と過ごした日々が走馬灯のように自分の中を駆け巡りました。

そうしたら涙が止まらなくなって、娘の匂いが私の体の中を全部満たしていくのが自分でもわかりました。

「ゆうちゃん、ありがとう」と伝えると、私の首にしがみついたまま、「うん、いいよ」と言ってくれた娘を前に、あぁ、また私は子どもたちに許されてるんだなぁ、と子どもの無償の愛に触れてまた胸がいっぱいになったのです。

あんなに出口が見えなくて苦しかったのに、娘を抱きしめて娘に抱きしめてもらって娘の匂いに包まれたら、自分でもびっくりするくらいに心が潤って優

しい気持ちが戻ってきました。
子どもの匂いってママを昔のあの瞬間に連れ戻してくれるのかもしれません。ママに大切なことを思い出させてくれるチカラがあるのかもしれません。きっとママにとっていちばん効くアロマは、世界でいちばん愛しい子どもの匂いなのではないでしょうか。

子どもを抱きしめながら、何も考えず頭の中をカラッポにして、ゆっくりゆっくり深呼吸。心の中いっぱいに広がった子どもの匂いは、普段見落としがちで忘れがちな大切な何かを、記憶と共にママの心に連れ戻してくれるのかもしれませんね。

子どもを抱きしめて匂いを吸い込むと
自分の心をゆっくりリセットできます

コンプレックスを抱えたあなたへ

「母乳が理想」
「ミルクでも立派に育つ」
「妊娠線はないほうがいい」
「妊娠線は子どもを産んだ勲章」
「自然分娩《ぶんべん》することこそが立派なお産」

世の中にはママを巡るさまざまな論争があるけれど、自分の経験をもとにかつての自分と同じように悩んでいる人に優しくできるのなら、それでいいんじゃないかなと思います。

誰かに優しくなれるように、いつか、誰かの背中を押してあげられるように、

今日の私たちは今日の悩みを抱えて、今日を生きているのだと思うのです。

母乳とミルク。自然分娩と帝王切開。そして自然分娩と無痛分娩。

どっちが正しくてどっちが理想かなんて、本当は正解なんて何にもなくて、自分のありのままの経験には必ずすべてに意味があって、それをコンプレックスに感じる必要もなければひけらかす必要もありません。


誰かの経験は必ず誰かのためになります。必ず誰かの心を軽くすることのできる経験が、私たちの手には握られているのです。

それを一人ひとりが大事に持っていられれば、それでいいんじゃないかなと、私は思っています。


あなたの経験と想いを必要としている人がいつかあなたのそばに現れたなら、そっとあなたの「過去」を優しく渡してあげてください。そんなに悩まなくて大丈夫なんだよと、そっとまあるく包んであげてください。

今日の悩みも今日のコンプレックスも、いつか同じように悩んでしまった誰かに手渡すための、あなたが持っている優しい種です。

命を宿し、命を育み、命を生み、命を育てているママのすべては、それだけで立派で、それだけでキレイで、それだけで強い。

それだけのこと。

ただ、それだけのことなのです。

あなたの経験にはすべて意味がある
そこで得た優しさを誰かにそっと手渡して

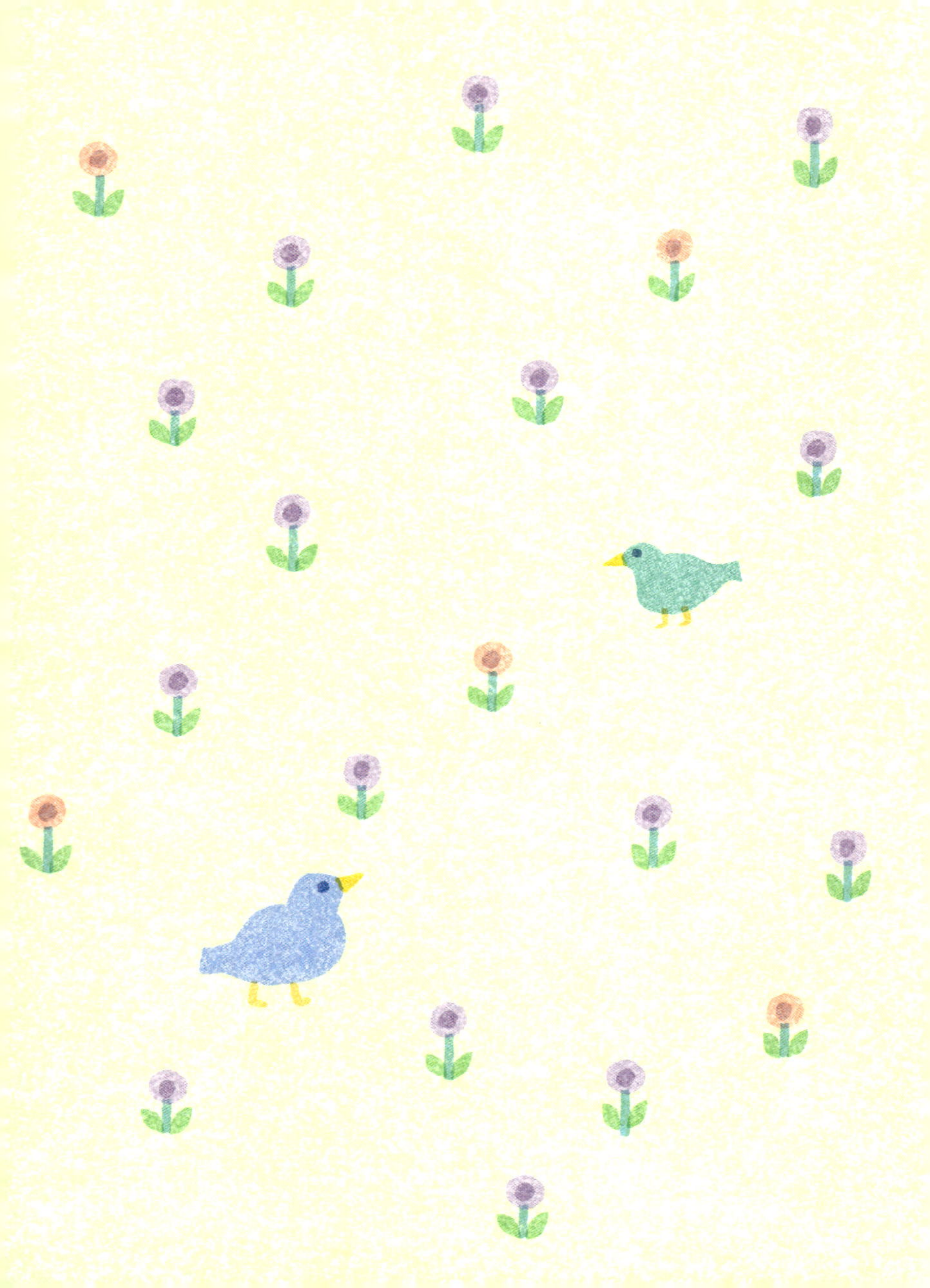

子育てに
不安を抱えるあなたへ

子育ては不安なこと、心配なことの連続に感じるかもしれません。なぜなら、みんな初めてママになるから。

みんな、初めて子どもを育てるのだから、わからないこと、上手くできないこと、不安なこと、あって当たり前だと思います。

でもね、心配しすぎなくても大丈夫。時間が解決したり、あれだけ心配していたけれど、いざ始まってみたら何とかなった、ということもたくさんあります。なぜなら、子どもは子どもなりに成長するチカラを持っているからです。

子どもの前に立ちふさがった壁を一つひとつママが事前に壊しておくのではなくて、子どもと手をつなぎながら一緒に越えたり、いつかは子どもがひとりで壁を乗り越える姿をうしろから見守ってあげることが、親の役目なのだと思います。

子どもを思うがゆえに先回りしていろいろと不安になってしまう気持ちは（私もそうだったので）よくわかりますが、親も子どももその時にどう心が反応するかなんて、その時になってみないとわかりませんよね。だからこそ、臨機応変にいろいろ試したりする難しさや、面白さがあるのだと思います。

一つひとつのことをそんなに心配しなくても大丈夫。何よりもまだ起こっていないことを心配して不安になっていたら、毎日がもったいないですよ。

子育てでは誰かに聞いて知っていたこと、本で読んで勉強したこと、それが全部、「つもり」だったことに気づくのです。自分の子どもと真っすぐ向き合ってみて、自分の未熟さや24時間体制の子育ての大変さなど、初めて知ることの何て多いことでしょう。それに、子どもがいる毎日がこんなにも愛しいことを、誰も、どの本も教えてはくれませんでした。

大切なのは、今、目の前にいる子どもの手を握り、今、目の前にいる子どもの目を見て、今、目の前にいる子どもの気持ちに耳を傾け、今、目の前にいる子どもの心に寄り添うこと。今、目の前にいる子どもからたくさんのものを受け取ること。

そんなふうに、毎日を愛おしみながら過ごすことなのです。

心配にとらわれず
子どもの力を信じれば
子どものいる毎日の愛おしさに気づく

できない自分に悩むあなたへ

初めての子育ては、誰もがすぐにできるようになるものではけっしてありません。私も長女が生まれた時、思い通りに進まない一日や要領よく子どもに対応できない自分にイライラしたり落ち込んだりしました。

でも、みんな悩むたびに子どもと向き合い、子どもに教わりながら、子どものために何ができるだろうかと毎日試行錯誤を繰り返すこと。そして時には自分に足りない部分を目の前に突き付けられ、自己嫌悪で涙が止まらないほど苦しい瞬間を経験し、親も子どもと共に成長していくのだということ、それぞれを知ったのです。

だから、今思うようにできないと感じる自分を、責めなくていいのです。今、子どもにうまく対応できない自分に負い目を感じる必要は、これっぽっちもないのです。

完ぺきな子育てがないように、完ぺきな母親などいません。完成形もゴールもない母親は、いつだって進化し続ける存在なのですから。

だからこそ、子どものことを思い、子どものために悩んでいたあなたは、もう十分に、ずっと素敵なママだったことを、私はあなたに知ってほしいのです。

すべての人は、母親の子どもです。

母親が子どもへ願い、そして子どもが母親に祈っていてほしいと思っていること、それは、

「あなたはあなたのままでいい」

それだけなのではないでしょうか。

あなたの存在はそのままで許されていることを忘れないでください。あなたは必要な、大切な存在なのです。

そのままでいいのは、そのままのあなたという存在。でももしあなたが今何か壁にぶつかって悩んでいるのなら。もし変えたい現実、手に入れたい未来があるのなら。

そのままではよくないのは、あなたの思考や言動です。

あなたがずっと信じてきた考え方をちょっと変えてみるだけで今までと違った景色があなたの目の前に広がるかもしれません。

思考や言動は、訓練でいつからでも変えることが可能です。〝子どものために変わりたい〟と、その思いがあれば、きっと何でもできるはずです。

今の自分、過去の自分を悔やまない
「私」は「私」のままでいい

自分はママに向いていない
と思うあなたへ

お腹に子どもを宿し、子どもを産んだ瞬間から、「ママ」は始まります。その時、誰もが例外なく母親として同じスタートに立ち、同じスタートラインから、同じように子育てが開始されると感じるかもしれません。

でも、みんなと同じように子育てを始めたはずだからみんなと同じようにできるはずなのに、実際に子育てを進めていくにつれて対応の仕方がわからなくて怒ってばかり……。「なんで私は子どもを叩《たた》いてしまうのだろう」「私はママに向いてないのではないか――」そんな想いを抱えて苦しんでいるのなら、あなたに知ってほしいことがあるのです。

それは、ママになる背景がみんなそれぞれ違うのだということ。

人はそれまでに自分が見たもの、聞いたもの、知っているものを参考にして

でしか、行動できません。なぜなら自分の引き出しの中に、経験のないもの、見聞きしたことのないものはしまいようがないからです。

とくに子育てにおいては、模範やモデル、見本となるものは親やその周りの人たちが自分や兄弟に対して取ってきた言動であることが多いのではないかと思います。

スマートフォンを使っている親を見て育った子どもにスマートフォンを渡せば、教えなくても自然と画面を指でなぞるでしょう。箸を見たこともなく、使い方を聞いたこともない人は、急に箸を渡されても使い方がわかりません。だって自分の中に〝箸の使い方〟なんて存在していないからです。

同じように、抱きしめたり、諭すことで子どもに伝わることを知らなかったら、叩いたり、威圧したり、力で相手をコントロールしようとしてしまうかもしれません。誰もが、自分の知っている解決法で解決するしかないのです。そしてもしかしたらあなたの親も、あなたと同じ苦しみをずっと抱えて生きてきたのかもしれません。

そうした家族環境はたしかに、その後の人生や子育ての場面にかなり影響します。でもそれに疑問を感じたなら、あなたの意思でそれを止めることもできるのです。

そのためにも、ママを始める前の自分について、まずは気づくこと。気づけたら、変わろうと動けるから。気づけたら、変えられるから。

「気づき」、「向き合い」、「学ぶ」ことができれば、人は変われるし、そして未来が、人生が変わるでしょう。

自分の経験に多くの意味を見出すことができる人は、きっとそこから目を逸らす人よりも優しく、心の深い人間となれるはず。あなたが手にした数々のギフトを、もう一度見つめ直してみてください。

ママになる前の自分に思いを馳《は》せて 気づきを学びに変えること

自分を認めるのが苦手なあなたへ

ママの中には自ら「自分のことを認めてあげるのが苦手」とおっしゃられる方がたくさんいらっしゃいます。私は、子どもに自己肯定感が必要なように、ママにだって「自分の気持ちに共感してもらう」「存在を認めてもらう」ことで生まれる自己肯定感が必要不可欠だと考えています。ママが自分に自信を持てて笑顔でいられたら、子どもの笑顔は自然と生まれると思うからです。

でも、その自己肯定感は、ママが生まれながらに持っているものではなくて、親や兄弟、旦那様、生きてきた中で出会った人たちとの関わりから形成されるものだと思います。

一方で、そんな自己肯定感を、私は誰もが自分で補うこともできるのではないか、と思っています。自分で自分のことを認めてあげること。自分を誉めてあげること。そうした積み重ねで、自己肯定感を自分自身の手で育むことができると思うのです。もし、「子どもに優しくなれない、こんなこともできない私はダメなママだ」と自分で自分のことを肯定できないとしたら、一日ひとつでいいのでお子さんとの向き合い方に目標を立ててみてください。

「子どもに『ママ』と呼ばれたら、すぐに『なあに？　○○（子どもの名前）』と返事をしてあげる」

「オムツを替えるたびに抱きしめて『大好きだよ』と伝える」

「夜眠る前に『生まれてくれてありがとう。あなたがいてくれてママ幸せよ』と布団の中で抱きしめる」

など、何でもいいと思います。何かひとつ、今日はこれを必ずやる！　と決め、その目標をきちんと自分で達成できた時は、「なんだ、私できるじゃん」と、ご自身のことを誉めて認めてあげてください。それを繰り返すうちに、その行動が強化され、習慣となり、そうなるとお子さんの反応も何か変わるかもしれません。自分の行動によって現状が好転することを実感できたら、お子さんと向き合うことに自信が持てるようになる、そんなこともあるのではないでしょうか。

自分に自信が持てれば自然と、「あ、私、頑張らなくていいんだ。私、もうずっと頑張ってきてたんだ」と、自分の中で自分を縛ってきた固定観念から少し抜け出せるような気がするのです。

私は、お子さんと向き合うためにも、ママが今まで頑張ってきた自分のことを誉めて認めてあげることが、とても大切だと思っています。また同時に、パパさんはじめ、ママの周りにいるたくさんの人たちには、ママがお子さんとおだやかにやり取りできた時や、逆に余裕がなくて自分のペースを崩せない時などでも、「いつもありがとう。今まで頑張ったね」と、ママのことを認めてあげてほしいなぁと思います。

できないことを責めるのではなく
できたところに目を向けよう

息切れして
余裕のないあなたへ

子育て中はうまく周りに甘えること、助けてもらうことって本当に大切だと思います。

たとえママがそばにずっといてくれても、相手もしてくれなくて、ひとりでつまらなくて、「ママ、見て見て!」と呼んでも返事がなかったり、忙しそうにずっと眉間《みけん》にしわが寄っていたら、子どももきっとうれしくないでしょう。

だからよく耳にするこの言葉を改めて伝えたいのです。

「子どもの笑顔はママの笑顔から生まれる」と。

ママと子どもは臍《へそ》の緒が切れた後も、心でずっとつながっています。ママが不安になれば子どもも不安になるし、ママがうれしい時は子どももうれしくな

ります。ママが嫌いな人のことは、子どもも自然とその人のことを嫌がるようになるでしょう。

ママの気持ちはそのまま子どもの心に共鳴し、連鎖し、影響します。だから子どもは、「ママが笑顔でいることのできる世界」を「自分にとっても幸せで安全な世界」だと認識するのだと思うのです。

そして何より、ママの笑顔は「あなたの存在を認めていますよ」の証《あかし》。笑顔にはそれだけで「好」「良」「嬉」など、肯定の意味があるから。ママが自分を見て笑ってくれることは、子どもにとって〝自分がママの世界に存在していることをママが認めてくれている〟ように感じるはずです。

ママの笑顔は子どもにとって、「あなたはここにいていいのよ」のサイン。自分の大好きなママが自分を見て笑顔になる。それだけで子どもの心は揺るぎなく満たされていくことでしょう。

笑顔を向けられてうれしくなるのは、相手が子どもでなくても同じことです。

笑顔を見るとうれしくなるのは、自分の存在を相手が好ましく認めてくれていることが伝わるから。相手の心の中に自分がちゃんといることがわかるから。それによって自分の自己肯定感が満たされるからではないでしょうか。

「子どもと向き合う時にママが笑顔でいられること」

それを家族みんなで、社会全体で、大切にしていけたらと願います。

子どもに笑顔を向けられるくらい
周りにちゃんと甘えて
いっぱい助けてもらいましょう

ひとりになりたいあなたへ

忙しくて
余裕がなくて
ついイライラした時
あなたは「ひとりになりたい」と思う。

「ひとりの時間」
それも　もちろん大切なこと。

でも　あなたのお腹の中に命が宿ったあの日から
あなたは

もう二度と
孤独になることはないのです。

あなたが苦しい時
あなたが悲しい時
あなたがどんな時でも
あなたは　もう
孤独に怯《おび》えることはないのです。

今日もあなたの隣で
小さな寝息を立てて眠る
その小さな小さな存在は

その小さな小さな身体の中に

誰よりも優しく深い灯を宿し

無条件の
無限の
無抵抗な愛を
両手いっぱい抱えて
あなたに会いに来たのです。

あなたを　もう
独りにはしないと
心に決めて会いに来たのです。

自分の感情に戸惑うあなたへ

子育てをしている中で、子どもが泣いたり、怒ったり、言いたいことが言葉にならなくて誰かを叩いてしまったり、叫んだりした時。

「どうしたの？」と声をかけて、その時子どもが抱えた言葉にならない気持ちを探して、その気持ちをときほぐしてあげることを、私は普段から意識して行うようにしています。

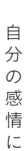

そして、それと同じように、自分が無性にイライラしたり得体の知れない恐怖を感じたり、落ち着かず気持ちがザワザワしたりした時など、「なんで今私はこう思ったのだろう」「なんで今私はこうしてしまったのだろう」と、自分自身に問うことも無意識に行っています。

なぜこれを「嫌だと感じた」のか、なぜこんなにも拒否反応が起こり苦しく

12
9
3
6

なるのかなど、すぐには答えが見つからなくて、探し出すまで何日か時間がかかることもありますが、その多くは自分の過去と向き合うことにつながっていて、「あぁ、あの時の私の不安がまだ残っていたんだ」「あの時こわかったことを、これが刺激になって思い出したんだ」と、思いがけず十何年も前の出来事がふっと思い出されることもあります。自分の気持ちを一つひとつ確認し、その気持ちにつながっている過去の出来事や感情を見つけ出し、今抱えている不安定な気持ちに適切なラベルを貼って心の整理整頓をしているような感覚です。

子どもと同じように大人だって、抱えた気持ちが消化できずに溜《た》め込みすぎると、心に渦巻くものが爆発して行動として現れます。それは時に自分や誰かに優しくなれないどころか、傷つけてしまうものになってしまうかもしれません。そうならないためにも、自分の気持ちをこまめにフラットな状態に戻してあげる必要があると思います。

心がザワザワ騒ぐ時は、「本当は何が欲しかったの?」「本当は何て言ってほしかったの？」「何がそんなにこわいの？」と、その気持ちをちゃんと見つけてあげることがとても大切。モヤモヤしたカタチにならない思いが明確になれば、スッキリしたり安心したり前に進めるようになるからです。

　そしてその感情がもし誰かに対して向けられていたものなら、自分の中に見つけた気持ちを相手にちゃんと言葉で伝えること。そこに存在している自分の思いや言葉を、ないものにしないこと。私はこうすることで、不安定な気持ちを無駄に引きずることなく、おだやかな気持ちでいられる時間をどんどん長く保っていられるようになった気がするのです。

　雲が立ち込めたままの見晴らしの悪い心では、大切なことを見落としてしまうかもしれません。感情の雨をきちんと感じられたなら、きっと、キレイな虹がかかりますよ。

なぜこんな感情を抱えているのか
気持ちの奥底にある答えを見つめる

子どもにすぐ「ダメ」と言いがちなあなたへ

子どもに対して「ダメ」ということが多い。許せないことが多い。もしそんな苦しさをママが抱えているのなら、少し考えてみてほしいのです。

私は何を許せないのだろう……。
私は何を許してもらえなかったのだろう……。
私は何を許してほしかったのだろう……と。

人は自分が我慢してきたこと、自分が許されなかったことを他の人が我慢していなかったり許されているのを、なかなか認められないものです。
「自分は我慢してきたのに……。自分は許してもらえなかったのに……」という不満が心に渦巻きます。

なぜ不満なのか。それは、本当は自分もそうしたかったことだから、ではないでしょうか。

子どもと向き合うのが苦しい時は、ママが我慢をたくさん抱えている時です。そして、あなたの中で「私はまだここにいるよ」と苦しんでいる、あなたがずっと見ないフリをしてきた子どもの頃のあなたを、素直で本能のまま愛を求める我が子が刺激するからではないでしょうか。

すべての子どもは愛されるべき、許されるべき存在です。子どもは外では許されないことであっても、家の中でママやパパがそれを許してくれることで愛されている実感を得て「自分はどんな自分でも愛されているんだ」「自分はここにいていいんだ」と自己肯定感を育み、心の土台を安定させ、外で大変なことや辛《つら》いことがあっても、乗り越える力をつけることができるのだと思うのです。

でも、子どものすることや言うことが許せないと感じて苦しくなったり、あなたが「ダメだと信じ込んでいるもの」「ダメだと言われ続けてきたこと」があなたを苦しめているのなら、子どもに怒ってばかりの自分を悔いたり、自分を責めてしまう前に、自分の過去に少し想いを馳せてみてください。

「ワガママ言いたかった」「甘えたかった」「思い切り泣きたかった」「怒りたかった」「自分だけを見ていてほしかった」「許してほしかった」「愛してほしかった」「大好きだって言ってほしかった」――ただそれだけだったのに。

そんな自分の心の奥にある気持ちに気づいたら、そんな自分に「甘えていいよ」「『愛してほしい』って言っていいんだよ」と言ってあげてください。自分の気持ちをちゃんと許してあげてください。

そうすればきっと、子どもにも少しずつ、「いいよ」と言ってあげられるあなたになれるのではないでしょうか。

我慢ばかりしてきた自分に気づいて
これからは許す自分に生まれ変わる

子育てに孤独を感じるあなたへ

子育ては時に孤独を感じる戦いかもしれません。でも、ママが孤独を感じるのは、同じチームであるはずのパパがママのしている子育てという営みに興味を持ってくれなかった時や、ママがどんなことを大変だと感じているのかについて理解が思うように得られなかった時ではないかと思うのです。

だからママが本当に欲しいものは、「いちばん近くで支えてほしい、パパからの理解や共感」なのではないでしょうか。パパが子どもと向き合うママの気持ちに寄り添ってくれるだけで、ママの気持ちは楽になります。「わかってもらえている」と感じるだけで、心が軽くなります。

育児は、この時にしか感じられない、体験できない、素晴らしい瞬間がたくさんあるのもたしかです。こんなにも誰かに「あなたじゃなきゃダメなんだ」「あなたが必要なんだ」「あなたの代わりなんて世界中どこにもいないんだ」と泣いて求められることは、涙が出るくらいに素敵なことだと思います。

でも、新生児期などは昼夜問わず2時間おきの授乳で、壁に頭を打ち付けてしまうほど寝不足にはなるし、一日ずっと抱っこで体のあちこちは痛いし、大変に感じてしまうこともありますよね。そんな時、夫婦で話し合ったり、報告し合ったりのコミュニケーションが大切になってくるのではないかなと思います。重要なのは、「察して」と一方的に念じるのではなく、「こんな時にこうしてくれたら助かる・うれしい」と、こちらの気持ちを添えてきちんと言葉で伝えること。気持ちは言葉にしなければ伝わりません。

そして何よりも、毎日家族のために頑張ってくれている相手に、お互いがちゃんと感謝できたら。同じチームとして、同じ家族として、相手の毎日を想像し、共感し、理解し、支え合い、そして時には相手が好きなことをして過ごせるような時間をお互いにつくってあげられたら。もとは他人同士のパパとママだからこそ、お互いに思いやりを持ち寄って家族として成長していけたら。そして一日の終わりに、お互いに「今日もお疲れ様」「今日もありがとう」と労《ねぎら》い合えたら……。次の日も、パパはママと子どものために、ママはパパと子どものために、笑って頑張れるのではないかなぁと思うのです。

なので（ひとり目が生まれた時、私はこれが上手にできませんでしたが）、大変な時、しんどい時はパパでも親でも友だちでもいいですから、周りに「助けて」と伝えましょう。あなたが辛い時、あなたが甘えることを誰も迷惑だなんて思っていないのですから。

伝えたいことを溜《た》め込まず、あなたの心の窓を開放して風通しをよくしてあげてください。

開いた窓には、必ず新しい風が入ってきますよ。

パパや家族とコミュニケーションを取り理解や共感を分かち合う

子どものことで恥をかくのがこわいあなたへ

人前で子どもが騒いだり、泣いたり、話（言うこと）を聞いてくれないと感じる時に、子どもに嫌悪感を覚えるほどイライラしたり気持ちがぐちゃぐちゃになってしまう人は、自分の子育てが自分への評価のように感じるのではないでしょうか。自分の評価を下げるような行動を子どもがしていると感じてしまい、その行動をやめない子どもに対して、イライラしてしまうのではないかと思うのです。

「相手に嫌な思いをさせないように配慮すること」と「自分が非難されないように振る舞うこと」は、行動そのものは同じように見えますが、気にする対象・目的がまったく違います。「迷惑をかけた子どもを叱る」のと「自分の評価を傷つけた子どもを叱る」のは違うのです。この二つの違いを区別するものは、

その怒りが必要以上に子どもに向けられてしまうかどうか。子どもの気持ちに寄り添い、諭したり、きちんと叱ったり、その場でその問題を終わらせられたなら前者。でもいつまでも子どものしたことが許せなくて落胆した気持ちがなかなか回復できず、言うことを聞かなかった「子どものこと」をなかなか許せないのなら「自分の評価を傷つけられた」と感じる後者の可能性が高いように感じます。

もちろん、相手の気持ちやその場の状況を理解するというチカラは社会で生きていくためにとても必要なチカラでもあると思いますし、社会生活を送るためにも人の顔色を窺《うかが》えることはとても大切です。でも、それが行きすぎてしまい、人の目ばかりが気になりすぎてしまって苦しいのなら。

そんなこと、もう気にしなくていいのです。人の目ばかり気にして生きなくていい。人からどう思われているのかに執着して生きなくていいのです。

周りに迷惑をかけないように、誰にも文句を言われないように、何も非難されないようにいままでずっと頑張ってきたあなたは、人一倍責任感も強く、優しく、その場の空気を読みすぎるほど読んで、人の目に自分がどう映っているのか常に気になって生きてきたことと思います。でも、子どもはあなたを傷つけようとして困らせることをしているわけではありません。子どもが本当に伝えたいことは甘えかもしれないし、寂しさかもしれないし、不安かもしれません。どうかその声に向き合ってあげてください。

そしてあなたは本当は誰からの評価を気にして生きてきたのか、なぜ迷惑をかけてはいけないと思っているのか、自分を好きでいてほしくて追いかけてきたのは本当は誰だったのか、ずっと気にしていたのは誰の目だったのか、そのことに気づけた時。あなたの抱える問題と子どもとは、何の関係もないことに気づけるのではないでしょうか。

子どもがあなたに伝えたいこと
そのことに集中するだけで大丈夫

頑張りすぎて苦しいあなたへ

かっこいいあなた、元気なあなた、強いあなた、優しいあなた、賢いあなた、頑張り屋なあなた、負けないあなた、素敵なあなた。そんなあなたも、もちろん大好きよ。いつでも一生懸命なあなたが大好きよ。

でもね。

あなたが強くて、あなたか頼りになるから、私はそばにいるのではないの。あなたが頑張り屋さんで、あなたか立派だから、そばにいるのではないのよ。「あなた」が好きだから。だからみんなあなたのそばにいるの。

あなたは格好悪くても、元気じゃなくても、強くなくても、優しくなくてもいいのです。あなたが賢くなくても、あなたが負けても、あなたが素敵じゃなくても、あなたは愛されているのですから。

ずっと頑張ってきたあなたには、信じられないことでしょう。でも、それが真実なのです。

だから、こわがらないで。「我慢しなくちゃ愛されない」「頑張らなくちゃ愛されない」「愛されなきゃ、愛されなきゃ」と、こわがらないでください。愛されようと、頑張らなくていいのです。

あなたは生まれたその瞬間から、何もしなくたって、そこにいるだけで、そのままで愛されてきたのですから。


甘えていいんです。

我慢しないでいいんです。

頑張りすぎないでいいんです。

誰かにすり込まれた思い込みに、ずっととらわれていたことに気づけたら、そっとその荷物を降ろしましょう。

親や周りの人たちがあなたを囲い込んでつくったその枠や、もしくは愛されようと必死で自分が自分に課してきたその小さな枠が苦しいのなら、出てきていいのです。

あなたは長女でもなくお兄ちゃんでもなく、男でも女でもありません。あなたはあなたなのです。

他の人には代われない、誰とも比べる必要のない、唯一無二のかけがえのない人なのです。

甘えていい。我慢しない。
あなたはそのままで愛されています。

泣き疲れて眠った
子どもの涙が辛いあなたへ

子どもは泣き疲れて眠るのではありません。もともと眠かったのです！　それで機嫌が悪かったり、いつもなら通じることが通じず、支離滅裂だったり、手が出てしまったりと、本人も訳がわからない状態になっているだけなのです。けれど子ども自身は「自分が眠いこと」に気づいていないことが多く、それをなかなか認めません。でも、目の周りが赤くなったり、頭や手足があたたかくなったり、お気に入り（安心材料）のタオルやぬいぐるみを持ち出したり、お菓子や飲み物をやたら欲しがったり（大人も満腹になると眠くなりますよね。お腹が満たされることで眠りやすくなる子もいます）、やたら抱っこをせがんだり……。その子その子が持つ「眠い」のサインは、子どもと接している中でふと見つけることができますので、その情報を家族みんなで共有

してあげてください。こんな時は眠い証拠だから、すぐに寝かせてあげて、と。

眠くて錯乱状態の時はこちらがどんなに真っすぐ言い聞かせをしても、完全にはね返されます。正論で立ち向かえば立ち向かうほどお互い不毛なやり取りになって、子どもの言動にママも悲しくなったり、イライラしてしまうもの。なので、サインを見つけたら「眠いんだね」と言って（本人は眠くない!! と否定するかもしれませんが・笑）、抱っこするなり、ベッドへ連れていくなりして、寝かせてあげるのがいちばんです。

「愚図る↓ママ怒る↓泣き疲れて眠る↓ママ罪悪感」のパターンは、実は単に、「（眠い↓）愚図る↓ママ怒る↓眠さ限界で眠る」の場合が多いのではないかと思うのです。そしてそれがわかっていたら、ママも「あー、始まったわ（笑）。はいはい♪」と、ある意味あきらめがついておだやかな気持ちで構えることができるのではないかと思います。

なので、やり取り不能になった子ども相手にイライラして怒ってしまい、泣き疲れて眠った（ように見える）子どもを見て、「私があんなに怒ってしまったから……」とママが心を傷めなくてもいいのです。だって誰も悪くないのですから。

小さい子どもは自分の気持ちを上手に伝えることができません。でも、必ず何かサインを送っています。それは新生児の頃から、お腹が空いた、オムツを替えて、抱っこしてなどさまざまなものがあったように、私たち親はそのサインを子どもと接する中でだんだん理解できるようになります。

子育てをしていく中で子どものその声にならないサインに気づけるように、よく観察し、子どもの望む対応を試行錯誤すること。その繰り返しによって、子どもと親は共に支え合い、補い合いながら成長していくと、そう思うのです。

子どもの言葉にできないサインを普段から注意深く観察すること

アリガトウ

子どもを怒った自分が気になるあなたへ

子どもを怒ってしまったこと、その一つひとつに必要以上に神経質になる必要はないと私は思っています。なぜなら、子どもが大人になって振り返った時に思い出すのはきっと、ママやパパの空気感や空気の色だという気がするからです。

その瞬間瞬間に親に取られた忘れられない対応や投げかけられた言葉など、子どもの心にいつまでも残ってしまうものもたしかにあるでしょう。でも、親が子どもの人格をきちんと尊重していた毎日がそこにあったなら、叱られたことも怒られたことも、きっといい思い出にすらなるのではないかと思うのです。

いちばん大切なことは「怒らないこと」ではなくて、子どもをひとりの人間として大切に思うことではないでしょうか。相手の立場で考えてみたり相手の気持ちに共感したり、小さな子どもが相手であれば気持ちを代弁してあげたり、怒ってしまったことを自覚し、仲直りをしたり、きちんと「ごめんね」を伝えたり、ありがとうや大好きだよを伝えたり、たくさん抱きしめたり。これらはすべて、子育ての上での目的ではなく、「あなたは大事な人だ」ということを相手の心に届けるための、大切ないくつかの手段でしかないのです。

子どもには子どもの人格があります。子どもには子どもの人生があります。私たちは子どものその大切な瞬間を一緒に見守らせてもらっているだけです。子どもの人生をほんの少し、預かっているだけなのです。

だからいつか、必ず別れが来ます。「今までありがとう」と子どもの背中を見送る日が、遠くない未来に必ずやってきます。子どもたちと過ごしていることの何気ない毎日は、いつか必ず訪れる「さよなら」に向けて進んでいるのです。

今日のこの日の、子どもと過ごした時間。子どもがママをイライラさせたこと、子どもがママを笑わせたこと、子どもと一緒に泣いたこと。すべての感情を怒濤《どとう》のように感じるこの毎日を、私たちは全部いつかさよならをする時に思い出すことになるでしょう。子どもが自立し旅立つその日に、もしかしたら私たち親がこの世を去らなければならないその瞬間に、目を閉じて思い出してみたらきっと、涙が出るほど愛しくてキラキラした、今日という一日なのです。

だからこそ、怒ってごめんねと伝えた後は、怒ってしまった私も、自分で自分が嫌になりそうなくらいに情けない私のことも、いつも誰よりも大好きでいてくれてありがとうと、子どもに伝えてあげてください。

日常になると埋もれてしまうけれど、今日も私たちの周りには、涙が出るほどたくさんの「ありがとう」が溢《あふ》れているのですから。

どんな感情の後も子どもに感謝を「あなたが大切だ」と言葉にして伝えること

子どもを宇宙人のように感じてしまうあなたへ

子育てをする毎日は、何だか同じことの繰り返しで、子どもがどうしてグズるのか意味不明だし、言うことを聞かないし、自分の時間はないし、やりたいことを邪魔されるしと、まるで宇宙人を相手にしているかのような、異生物と暮らしているかのように感じてしまうこともあるかもしれません。

でも、子どもは宇宙人でも動物でもありません。どんなに小さくても、子どもの行動には必ず子どもなりの理由があります。こちらがちゃんと向き合えば、子どももちゃんと思いを返してくれます。

確かに子どもにまつわる衣・食・住に必要なサポートをしていれば、子どもの体は放っておいても勝手に育つのでしょう。でも、そこに愛あるコミュニケーションがなかったなら、子どもは外見が大きくなっただけに過ぎず、その後の

子どもの人生にさまざまな問題を引き起こしてしまうのかもしれません。

だからこそ、子どもをただ流れ作業のように育てるのではなくて、そうした日々のやり取りを通して「自分は大切な存在」「自分は必要な存在」「自分は愛されている存在」なのだと、そんな思いで子どもの心をいっぱいにしてあげてください。そうすることが、自分や他者への思いやりや優しさ、愛に溢れた人格の土台となり、子どもの心や人生を実り多く豊かなものにしてくれるのだと、私は信じています。

子育てはたしかに大変です。でもその捉え方、子どもとの時間を「大変」にするか「楽しい」にするかは、私たちママ次第なのです。

さらに子育てはママひとりで抱えるものではなく、みんなで楽しむものでしょう。

さまざまな人との触れ合いの中で子どもの情緒はより豊かになるでしょうし、ママやパパ以外の人にも自分は愛される存在なのだということを、子どもには知っていてほしいと思うからです。

だからこそ、世界中の子どもたちが、愛されている自信に満ち溢れた幸せな人生を満喫でき、自分や周りの人を大切に思える人となって、思いやりや優しさに包まれた世界がずっと続きますように。

そして子どもたちが大人になって結婚し子どもを持った後、子育てに悩み試行錯誤しながらも自分の子どもに「大好き」をたくさん伝えられますように。

そのためにも、大変だけど最高に楽しい毎日を、ママ自身が愛しく思えるようにと、願うばかりです。

子育ての大変さより面白さに注目
子どもの「心」育てを意識して

子どもと気持ちがすれ違いがちなあなたへ

大人になり自分が親になって振り返ってみれば、夜中に何度もオムツを替え、３６５日休まずご飯を作り、毎日髪をとかし、熱が出るたび懸命に看病することは、愛がなければできないことだと気づきます。その何気ない日常に、親の愛情が詰まっていたことを改めて思い知るのです。

だけど子どもは、子どもの時にそれを「愛があるからできること」だと感じません。なぜなら、子どもにとってそれらは、母がする生活の一部であって愛ゆえの行動であると認識していないからです。だから、

「あんなに毎日あなたの体のことを思ってご飯を作っているのに」

「こんなにあなたのために働いているのに」

と思っていても、親に愛されているか自信を持てない子どもの中には、

「どうせぼくのことなんてどうでもいいんだ」
と思ってしまう子もいます。こうなると親も子どももお互い気持ちが噛《か》み合わなくて苦しいですよね。こんな状況は多くの家庭で親子のすれ違いを生んでしまっている気がするのです。

本当はお互い愛しているのに……。これって、とてももったいないこと。親は、どうしてちゃんと想っているのに伝わらないの、と思ってしまうけれど、親のその気持ちは子どもには見えません。

子どもが見ているのは、それが「愛」だとはっきり認識できる、わかりやすいサイン。大切なのは「愛したつもり」というこちら側の気持ちではなくて、相手が「愛されている」と感じたかどうか。「大事にしたつもり」というこちら側の気持ちではなくて、相手が「大事にされている」と感じたかどうかなのです。

子ども（特に心に不安を抱えた場合）は、言葉で「大好きよ」を伝えてもらえたら、それ以上でもそれ以下でもなく、ママは自分のことを「大好き」なのだとはっきり認識できるのです。

「大好きだよ」「大事だよ」「大切だよ」「愛してるよ」ちゃんと、きちんと届くように、言葉で渡してあげてください。本当はどう思っているんだろうと相手の気持ちを探らなくていいように、どうして今ぼくは抱きしめられたんだろうと、見えない答えを探さなくていいように。

「大好きよ」とその言葉をもらえたら、それで解決することが子どもにはたくさんあります。それだけでいいのです。それがずっとずっと欲しかったのです。

たとえそこに愛があったとしても、無言で作る365日の料理より、ママの「大好きよ」の言葉が、相手の行動から相手の気持ちを推し測ることが難しい小さな子どもたちにとって、揺るぎない安心と揺るぎない自信となり、生涯心の支えとなることでしょう。

伝わっているつもりにならず言葉で伝えることに意識を向けて

子どもを守りたいあなたへ

リモコンの乾電池を自分で外して（！）口にくわえようとしていた末の息子に、

「ダメだよ。トウくんが痛くなったらみんなが悲しいんだよ」

と語りかけているのを、そばで聞いていた娘がふと言いました。

「もしかしたらトウくんさー、自分で自分のこと大好きだって知らないのかなぁ？　だって自分のこと好きだったら、そんなことしないでしょう？　自分のこと嫌いでも、自分のこと大事だから、そんなことしないよね」

ずっとずっと願っているのです。「ママやパパが悲しむからしない」の時期を越えて、「自分のことが大事だからしない」が子どもの心に芽生えることを。

大人は親との関係以外にも、恋人や友人、社会に出てからもさまざまな人との関わりの中で自己肯定感を得ることができるけれど（それでもやはり親から与えられた影響は大きいと思いますが）、自分ひとりのチカラで自分の価値を見出しにくい小さな子どもは、「誰かにとって大切な自分」「誰かに必要とされている自分」が心にあって初めて、自分のことを自分で大切に思えるようになるのだと思うから。

だから生活の中のさまざまな場面でさまざまなカタチで、ずっと伝えてきたつもりでした。あなたは、ママ、パパ、じいじ、ばあば……みんなの大事なんだと。そしていつか、そんな自分のことを自分のために大切にできるように、願いを込めて。

この時の娘は5歳間近。どこまでわかって言っていたのか、そのすべてはわかりませんが、「自分のことが大事だ」と言う娘の中に、いつの間にかまたひとつ大切なことが増えたのかなと、そんな成長を感じて、私はとってもとっても、うれしかったのです。

誰かのための自分だけじゃなくて、自分のための、自分。ママやパパ、自分を大切にしてくれる人たちだけでなく、自分のことが自分にとって大事だから、自分で自分を大切にする。その気持ち、ゆっくりゆっくりでいいから、どうかあなたの心の真ん中に、これからももっともっと、育ってくれたらいいな。

そして知ってほしい。自分のことが好きでも嫌いでも、誰もが「大事な存在」であることに変わりはないことを。自分のことが好きな時も、自分のことが嫌になってしまう時も、自分がどんな時でも、自分のことはずっと「大事」なんだということを。

そんな気持ちを子どもの中で揺るぎないものにするのはやっぱり、子どもにぬくもりを届ける、当たり前のようなこの毎日なのでしょう。

「ママやパパが悲しむから」の先に「自分のことは大事」の気持ちを養う

子どものすることを
認められないあなたへ

ねぇ　ママ
わたしね　わたしが　抱っこして　って甘えたら
ママに　いいよ　って言ってほしいの
わたしが　おしっこを失敗しちゃっても
ママに　いいよ　って言ってほしい
わたしが　つい牛乳をこぼしちゃっても
ママに　いいよ　って言ってほしい
わたしが　楽しくていたずらしちゃっても
ママに　いいよ　って　言ってほしい
わたしが　ワガママを言って泣きわめいても

ママに　泣いてもいいよ　って　言ってほしい
わたしが　わたしはありのままのわたしでいいの？　って聞いたら
ママに　いいよ　って　微笑《ほほえ》んでほしい
わたしが　ママ　わたしはここにいていいの？　って聞いたら
目尻にシワをいっぱいつくって　いつもの笑顔で
いいよ　って　笑って抱きしめて

人は自分の言ったことや自分のしたこと、自分の想い、それらを受け入れてもらえた時に、自分はありのままで愛されていると感じることができます。一方で、大人であれ子どもであれ、否定されると悲しい気持ちになって、傷つけられた気がします。

愛されることは許されることです。子どもは、人は、みな許されるべき存在です。許された経験がある人は同じように、周りを愛せる、許せる人になるのだと思います。そして、それは巡ります。

親に「いいよ」と言われた子どもは自分に「いいよ」と言えるようになります。同じようにお友だちに、伴侶に、見知らぬ誰かにも「いいよ」と言えるようになるでしょう。何よりも将来、自分の子どもたちがいつか子育てをする時、その自分の子どもたちに「いいよ」と微笑んであげてほしいから。

子どもの頃に許された経験のあれこれは、きっとその子の心を優しく強くするでしょう。

「いいよ　いいのよ　あなたは　あなたでいいの」

子どもたちの心に許された経験を。自分は許されている存在であるという、揺るぎないしあわせを。

子どもには許される体験を
時にはそのすべてを受け入れて

ママは
そこにいればいいから

最近、視力が落ちたのか、遠くのものがはっきり見えなくなってきた。

公園で子どもたちと遊んでいる時、ふと見上げた夕の空に浮かんだ白い月も、何だかぼんやり。

その輪郭をはっきり捉えることができない。

しばらくの間その不安定な月をぼーっと見ていたら、娘が、

「ママどうしたの？」

と聞いてきた。

「何だかママ、お目めが悪くなってきちゃったみたい。前はあんなによく見えたのに、今は遠くがぼやぼやしちゃうんだよね。

このままどんどん目が悪くなって、そのうちゆうちゃんとかおーちゃんとか

トウくんのお顔が見えなくなったら、どうしようね」

なんて弱気なことを口にすると、娘が笑って言った。

「大丈夫だよ。だって私がママのこと見えてるから、それでいいでしょ。私、ママのこと大好きだし。それでいいよ」


あぁ。そっか。そうだね。

それで十分かも。

ふいに聞かされた娘の言葉に、

「ママは　そのままそこにいればいい」

と言われた気がして、なんだかうれしくて、笑ってしまった。

自分の目が見えなくなって、自分は何も見えなくなっても、私の大好きな人たちが私のことを見えていれば、何だかそれでいいような気がした。


巡る巡る。

優しさも愛も、そして、順番も必ず巡るから。

ひとりでは何にもできない赤ちゃんのあなたたちを育てたみたいに。

今度は私が歳《とし》をとって、おばあちゃんになって、本当に目も見えなくなって……。

ひとりで歩けず、ひとりでトイレも行けず、上手に食事もおしゃべりもできなくなって、自分のことをひとりで何にもできなくなった時。

あなたたちに「そこにいればいい」と微笑んでもらえる、そんなおばあちゃんに。

なれたらいいなぁ。

生きてることのうつくしさ

「あれ？　お花　どこ行っちゃったの？」

「お花ね　枯れちゃったから　バイバイしたんだよ」

「なんで　枯れちゃったの？」

「お花はね　いつか枯れちゃうの」

「でも　早くない？　もう枯れちゃうの？」

「そうだね　お花は　すぐ枯れちゃうんだよね　さみしいけど」

「すぐバイバイしなくちゃいけないなんて悲しいよ
それならもらわなきゃよかったね……」

「もらわなかったら　バイバイしなくていいもんね　そしたら　悲しい気持ち
にはならないかもね

でも　お花さんはゆうちゃんに会えてうれしかったと思うよ
ママもお花もらえてうれしかったし
お部屋にお花があって　きれいだったでしょ？」
「えー……
でも　なんであのお花は　枯れないの？」
「あれは造花って言って　作りもののお花だからだよ
にせものなの　だから枯れないの」
「じゃあ　ぜんぶ　にせものならいいのにね」

「そうだね　そしたら　バイバイしなくていいもんね
でもね　にせものよりも　やっぱり　本物のほうがきれいなの
本物のお花　花びら　柔らかかったでしょう？
いいにおいしたでしょう？
お水ごくごく飲んで　生きてたでしょう？

一生懸命生きてるから　キラキラしてるんだよ
一生懸命生きてることが　やっぱり　いちばんきれいなの
生きてるって　それだけでキレイなのよ」

愛されなかったと
苦しむあなたへ

人は愛されるために生まれました。だから、〝傷つけられたこと〟にすごく敏感で、一度そのような扱いを受けたと感じると、自分のすべてが粗末に扱われたような、そんな錯覚を起こします。

家族の中でも、きっとそんなことがよく起こるのではないかと思います。あの時、あの瞬間に向き合ってもらえなかったことが、自分すべてを否定されたように感じて親と距離ができてしまった人。そして大人になり、問題の相手が親から恋人や伴侶、上司などにすり替わっただけで、好かれようと頑張りすぎたり、無理をしていたり、人の目が気になりすぎてしまったりと、生きにくさのようなものを感じる人もいます。

そのすべての根幹は、「母親に大切に思ってほしかったから」「父親に認めて

もらいたかったから」のような気がします。でも、あなたは自分が大切にされていないと「感じた」だけで、実はちゃんと愛されてきました。そこに「あなたを愛しているよ」と安心できる言葉が添えられていなかっただけで、本当はあなたは丸ごと、ちゃんと愛されてきたのです。

あなたが夜泣けば、どんなに眠くても朝まで抱っこをしました。あなたがどんなにおっぱいを飲むのが下手で、乳首を噛まれて切れてしまっても、痛みをこらえ、あなたにおっぱいを与え続けました。

あなたがどんなにご飯を嫌がり食べなくても、毎日、毎日あなたのためにご飯を作りました。あなたがどんなに悪態をついても、あなたの洋服はいつも綺《き》麗《れい》に洗濯されていました。あなたがどんなに帰るのが遅くても、あなたが家に帰ってくるのを寝ずに待っていました。

あなたがどんなに返信をくれなくても、あなたの誕生日にはあなたに「おめでとう」を送りました。あなたがどんなことをしても泣かなかった父親は、あなたが結婚をする前日、あなたとのこれまでの日々を思い出してひとりで泣いていたのです。

　だからこそ、本人に聞いてみましょう。私のことどう思ってた？　私のこと、ちゃんと好きだった？　と。そして相手がどう思っていようと、「私はこれが悲しかったんだ」「私はあの時寂しかったんだ」と自分の気持ちを伝えましょう。あなたの中でずっと苦しんでいる子どもの頃のあなたを助けてあげるために。そして自分が親だけでなく、これまで出会ってきたさまざまな人たちにちゃんと愛されていたことに気づけたら、自分を大切にできない自分とゆっくりゆっくり、さよならできるのではないでしょうか（それでもあなたの苦しさをかき立てられるような相手ならば、その時は潔く去ることもひとつの選択です。あなたの心がおだやかでいられることがいちばんですから）。

心の中で泣いている
子ども時代の自分を
丁寧に取り出し、言葉にして

母

3人目の出産で、家のことを手伝いに来てくれていた母が昨日、帰った。帰り際、子どもたちを抱きしめてお別れを言ったあと、私のことも抱きしめて、

「さみしいけど、またすぐ会えるものね」

「頑張りすぎないで頑張るのよ」

と震えた声で母が言った。

その今にも泣きそうな声を聞いて、私も涙が出そうになったけれど、何とかこらえて、

「大丈夫。本当にいろいろありがとう」

と笑顔で母を見送った。

またすぐ会える。

新幹線に乗れば会える距離にいる。

電話もできるしメールもできる。

私には、いつも私を支えてくれて、どんな時も味方でいてくれる夫がいる。

そして、可愛くて仕方ない世界でいちばん大切な3人の子どもたちがいる。

だから大丈夫。

頑張るよ——。


心の中ではそう思っているのに、久しぶりに母と過ごしたこの2ヶ月半を思うと、なんだか無性に母との別れがさみしくてさみしくて。

久しぶりに母に抱きしめてもらったぬくもりが恋しくて、母が帰ったあと、ひとりで泣いた。

3人の親にもなって、情けない。

こんな大人にもなって、情けない。

でもきっと、自分が１００歳になっても、私の中にいる小さな子どものままの私は、母を求めて泣くんだろう。

母が恋しくて母に会いたくて、泣くんだろう。

子どもは、何歳になっても母親の子どもなのだから。

子育てを抱え込んでしまうあなたへ

先日、母や妹など、私の家族が子どもたちとたくさん遊んでくれた日のこと。みんなとさようならした後、いつもなら弟とケンカが発生してもおかしくないような場面でも、娘がずっと弟に優しかったのです。見ているこちらが心があったかくなって涙が出るほどに、本当に優しくて……。優しくされて息子もとってもうれしそうで、弟もお姉ちゃんに優しく接していました。

子どもたちはこの日、私の家族や親戚から「会いたかったよー！　会いたくて会いたくて、今日楽しみにしてたんだよ」「大好きだよー！」「なんでこんなにかわいいのー」と、うれしい言葉をシャワーのようにたくさんもらっていました。

娘はずっと私の妹のひざに乗っておしゃべりしたり、抱っこしてもらったり。

甘えをすべて受け止めてもらっていて、たくさんの愛をみんなからもらい、心がもらった愛で溢れてキラキラしているのが手に取るようにわかりました。もらった愛が溢れているから、自然と優しくなれているようでした。優しくされて、優しくなれて、また周りに優しさをあげられて。その優しさをもらった人にもまた、優しさが広がっていく。それはまるでシャンパンタワーのような美しさで、子どもって、人間って、こういう仕組みなんだよなと、改めて子どもたちに教わった気がしたのです。

子育てをして子どもと向き合っていると、子どもと親の関係や家庭の様子について、「社会」の縮図だなと思うことが何度かあります。優しさが優しさを呼んで、もらった愛をまた誰かに渡そうとする子どもたち。そんな人間としての姿には、涙が出そうになりました。

同時に、いつも3人の子どもたちのお世話に追われて、娘の中にも息子の中にもきっと、解消できていなかった甘えがあったはずだということにも気づき、私なりに反省もしました。どんなに思いをつくしても、やっぱり日常の中でイライラしてしまうことや、ささいなことで優しくなれない瞬間があったりします。そんな、親だけではカバーしてあげられない部分があっても、子どもを取り囲むたくさんの人たちから子どもに愛をたくさん注いでもらうことで子どもの心が満たされ、親も子どもを愛してくれる周りの人たちに感謝したり優しくなれるなら、これって本当にありがたいことだと思うのです。

　子どもたちが何となくお互いに優しくなれていない時はきっと、私が優しくなれていない時でしょう。だからまずは、私から優しくなってあげたい。はい、はーい、大丈夫よと、子どもを優しく包んであげられる、そんなママでいたいと思うのです。

優しくされたら感謝する
優しくいられることに感謝する

未来はママの手の中に

世界の平和を願う
ただの母親の私にできることは

惜しみなく
祈りのように
子どもを　家族を愛すること。
今日も　明日も　絶えることなく
ただ　ただ　愛すること。

世界中のどんな人にも
必ず親がいます。

「親」と「子」で成り立っている　この世界で
世界中の子どもたちが　揺るぎない愛に溢れ
他人を思いやれる優しい心を　持っていられたら。
その子どもが成長し
世界が　そんな大人でいっぱいになったら。

子育ては　人を育てることです。

平和を実現できるのは
偉大な指導者でも
巨額な寄付ができる億万長者でもなく

未来を生きる子どもたちを育てている
母親の両手の中にあると
私は信じているのです。

愛されたい、愛せない、と苦しむあなたへ

悲しいことですが、過去にはこの国にも、自分の命より、子どもの命より、指導者や国が大切だとされた時代がありました。

子どもを戦《いくさ》に出さなければ「非国民」と石を投げられる時代があり、子どもが泣けば、「敵に見つかるから子どもを殺せ」と言われたこともあったのです。

一方、社会が効率、生産性を重要視しすぎた時代には、すぐに効果や結果が出ないものはムダなものとして省かれ、子どもを必要以上に早く大人にさせようとする風潮がありました。

そして、「我慢しなさい」「甘えるんじゃない」と、大人も子どもも自分の気持ちを極端に殺さなければならない場面が増えたのです。

本心では「おかしい」「嫌だ」とザワザワしているのに、自分の心よりも、

周囲の目や周囲の声が大切になってしまう。これまでの歴史の中には、人々の心にこうした歪《ひず》みが生じることが何度となくあったのです。

もちろん誰もが当てはまるわけではないけれども、甘えること、愛されることに飢え、「愛されたい」と苦しんで「愛せない」と苦しんでいる人。そんな人たちは、私たちが思うよりも多く、この世の中に存在しています。

そしてそんな思いをした子どもたちが大人になり、飢えを抱えたままの大人たちがまた子どもを育ててきました。

悲しい連鎖の中で、我慢を美徳とし、誰にも甘えられず、個の自分に価値を見出せず、無意識のうちに、親や周囲の環境によって「ダメ」だと信じ込まされていく価値観。

でもそれって、本当にダメなことなのでしょうか？

誰にとって、都合が悪いことなのでしょうか？

私たちは、誰かの、何かの都合のために自分の大切な気持ちを我慢したりする必要なんてない。だから子どもたちには、「甘えたい」「愛されたい」という素直な気持ちを我慢させる必要はないと、私は思っています。

そんな世界が訪れるようにと、そしてそんな未来がずっとずっと続くようにと、私は心から願うのです。

悲しい連鎖を断つこと
未来をつくるのはいまを生きる私たち

苦しさのさなかにあるあなたへ

食事も喉を通らず、夜も眠れず、苦しくて苦しくて、早くこの時間が過ぎ去ってほしいと願う夜を経験したことがあるかもしれません。そしてこの先、そんな夜がまた、あなたに訪れるかもしれません。

でも、そんな時も、苦しい時はその苦しい感情から目を逸らさずに、苦しい、悲しい、辛い、その気持ちをきちんと感じ切ってください。

そうすれば、その感情の波が去った時、感情の向こう側に自分がこれからどうしたいのかがはっきり見えてくるでしょう。

苦しみから逃げたいばかりに、焦って早く決断してしまわないこと。

傷はいつか必ずかさぶたになり、ゆっくりゆっくり、あなたの気持ちも再生

していきます。そこを無理に強がったり、格好つけたり、ごまかさなくていいのです。

自暴自棄になって、絶望して、悔いて、責めて、自分や誰かを恨むこともあるかもしれません。でもその時は、それでいいのです。

痛い時はきちんとその「痛さ」を感じること。その出来事から何を学べたのか、自分に何をもたらしてくれたのか、自分の糧《かて》となったことを実感した時に、その出来事を忘れることも許すこともできなくても、「認める」ことのできる日が、いつかきっと来ます。

飲み込めない痛みを飲み込んでは吐き出して、吐いては飲み込もうともがいて、噛み砕いて、次第に小さく小さくなった痛みを飲み込むことができるようになった時、そんな、痛みが喉を通り過ぎた後に、自分自身をほんの少し笑えたら。

その時はまた、自分を許せるようになるから。また誰かを信じられるようになるから。

あなたを苦しめたその原因や人物への仕返しや怒りの感情にとらわれ続けることなく、あなたはあなたの幸せだけを見つめ、どうか自分の幸せのために動いてください。

そのことが、あなたと、あなたを愛してくれている周りの人たちを光り輝く未来へとつないでくれることでしょう。

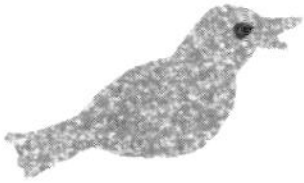

苦しい、悲しい、辛いの気持ちから目を逸らさずに感じ切ること

人生の落とし穴にはまったあなたへ

どうしてこんなことが私の身に起こるのだろうということが、人生では何度か起こります。思い出したくないほど辛かったことや悲しかったこと、恥ずかしかったことなど、みんなその人なりの重りを心に抱えて生きていることと思います。でも、何か思いがけず上手くいかないことが起きた時、それはそれまでの生き方や考え方の見直しを問われているということ。

人生の試練は次のステージへ進むための課題のようなもので、その課題と、過去と、自分と、いかに向き合うかでその後の人生の豊かさが変わってくるのだと思います。そんな時、焦る必要はありません。すべてはあなたにとって最善の出来事。上手くいっていないように見えるだけで、実は新しい素敵なもの

を迎え入れるために自分の中から不必要なものを整理し、排除している途中にあるだけなのです。

大切なのは人生に「何が起きたか」ではなく、それに「どう向き合ってきたのか」ということ。そしてすべての出来事には必ず意味があります。その意味がわかる答えが用意されているのは明日かもしれないし、何年か先かもしれないけれど、必ずいつか、

「この日のためのあの苦しい出来事だったんだな」

と思える日が来ます。

大切な意味を持つものほど、受け取る時は拒絶したくなるほど苦しいものですが、最悪な出来事に思えてもいつかのあなたにとって最高のプレゼントとなりうる出来事。

どうしても起きた出来事のインパクトだけにとらわれてしまいがちですが、私たちが目を向けなければならないのは、その出来事に込められたメッセージをどう捉え、自分が何を学び、これからをどう生きていくのか、ということな

のです。

人生に失敗はありません。人生はいつだって気づきと学びの場です。プレゼントに感じられるかどうかはあなた次第。プラスに受け取るのもマイナスに捉えるのも、すべてあなた次第です。

私にもきっと、これからまた課題を投げかけられる時が来るでしょう。

そんな時は「落とし穴に落ちたように見えるけれど、実は穴の中にはトランポリン」。そんなふうに考えたい。

落ちたことだけにとらわれ、「落ちた自分」をずっと悔いていたら、そこにトランポリンがあることに気がつかないもの。そうなると、穴はただの穴でしかなくなってしまうのです。

さぁ、あなたは穴の中で何を見つけましたか?

起きていることすべてがプレゼント
そのメッセージにワクワクしましょう

楽しんで生きなさい

甘えなさい
欲しがりなさい
休みなさい
遊びなさい
大声を出しなさい
泣きなさい
笑いなさい
転びなさい
走りなさい
歌いなさい

学びなさい
怒りなさい
愛しなさい

安心して
前に進みなさい
好きなことを
とことんやりなさい

地を感じ
空を仰ぎ
両手を広げて
力いっぱい生きなさい

さぁ　好きに生きなさい
あなたたちの
あなたたちのための
素敵な人生よ

楽しんで生きていらっしゃい

ぼくが生まれた日

ぼくが生まれた　あの日のこと　ママ　覚えてる？
ぼくはね　覚えているよ
ぼくの泣き声を聞いて　ママが幸せそうに　涙を流して笑ったあの顔も
ぼくに羽が生えたのかなって思ったくらい　柔らかい両手で
ふわふわと抱きしめてもらえた　あの夢みたいな感触も
ぼくは　忘れられないんだ

ぼくは　まだ　上手にお着替えもできないし　ごはんだって　牛乳だって
こぼしてしまうし　おしっこも　うんちも　まだちゃんとできないし
上手におしゃべりもできないから

そんなぼくに　ママがイライラしてしまうことも
ぼくの泣き声をうっとうしく思えた日があったことも　ぼくは知ってるよ
でも　それでもぼくは泣くんだ　だって　ママに伝えたいことがあるから

ママ　ぼくは　ママのことを世界でいちばん愛してるよ
そのままのママを　誰よりも愛してるんだ
ママ　ぼくは　ママを愛しにここにきたんだよ
ママは世界でいちばん愛されてるんだって　知ってほしくて
だからぼくは　ここにいるんだ
泣いていいんだって　思い出してほしくて
だから　ぼくは　こうして泣いているんだ
ママ　ママも　泣いていいんだよ　ママは　ママでいいんだよ
ママは　そのままで許されているよ
抱っこをせがむぼくだけど　ママの小さな背中をキュッと抱きしめてるの

ママ　気づいていないでしょう？
ママは世界でいちばん　かわいくて　世界でいちばん　やさしくて
世界でいちばん　ぼくの大切なんだ
ママを世界でいちばん　愛してるんだ

ママ　ぼくがいるよ
ぼくが　ずっと　ずっと　ママのそばにいるよ

ぼくが生まれた日は　ママが世界でいちばん　世界に愛された日
だって　ぼくが生まれた日は　世界の誰よりも　ママを愛してるぼくが
この世界に　生まれた日
ママ　ママ　笑っていてね　あの日みたいに　笑っていてね
ママの笑った顔が
ぼくは 世界でいちばん好きなんだ

どんな日も

今日はだめな日
今日はだめだった日
余裕がなかった日
まっすぐあなたたちの目を見れなかった日
ひとりになりたかった日
優しくしなさいと言っている私が
いちばん優しくなかった日
いじわるしないのと言っている私が
いちばん意地の悪かった日
自分のことがきらいな日

自分のことが許せない日
なんでこうなんだろうと自己嫌悪の日

今日はだめな日
今日はだめだった日
本当に本当にだめだった日

それでも　今日も私はあなたたちのママな日
こんな今日でも　こんな私でも
ママ、ママ、とあなたたちに許されている日
どんな今日でも　どんな私でも
ママ、ママ、とあなたたちに愛されている日

――子どもたちと仲直りしたあと
ごめんねとありがとうを
抱きしめて伝えました

「ママだいすき」
と子どもたちに抱きしめてもらいました
抱きしめてもらって泣きそうになったのは
やっぱり
今日も私のほうでした――

あとがき

子どもはある日いきなり大人になったりしませんし、大人になった瞬間、子どもの頃に抱えていたものがなくなるわけではありません。みんな見ないフリ、気づかないフリをしているだけで、子どもの頃の甘えや寂しさを、多かれ少なかれそのまま持って大人になるのです。

日々さまざまな場面で「愛されている実感」が足りていない大人が多いことを、私は痛切に感じています。私たちが欲しいのはモノやカタチではなくて、「愛されている実感」です。そしてそれは大人も子どもも例外ではありません。

子育ては、子どもに愛を伝えること、子どもの心を満たしてあげることなのではないでしょうか。子どもが欲しがる形なきぬくもりを欲しがるだけ与えると、満たされた子どもの反応はおのずと変わるでしょう。それが子どもとのやり取りを楽にしていく最短の方法であると思いますし、子どもが子どもの人生を自信を持って生きることにつながるのだと信じています。このことは私にとって、巷《ちまた》に溢れるどんな子育て法よりも大切なことなのです。

愛された実感を与えられることなく「こんなふうになってほしい」と親に要求されたり、親にコントロールされたりと、そればかりになってしまうと、子どもはどう自分の幸せを見つければいいのかわからなくなってしまいます。子どもも大人も、欲しい言葉や欲しい気持ちは同じです。何歳になっても、人間が、命が欲しがるものは同じなのです。

だからこそ、子どもや自分の大切な人に、言葉とこの両手で間違いなく渡してあげたいのです。あなたが大好きだと。あなたがいるから頑張れることが私にはたくさんあるのだと。

最初の子を産んだ夜、寝ている間に消えていなくなってしまうのではないかと心配で何度もその存在を確認したこと、目を凝らして小さく上下に動くその薄い胸の動きを確認しては息をしていることにホッと胸を撫《な》で下ろしたこと、月夜に照らされた寝顔を見ているだけで、それまで経験したことのない、言葉にならない涙がとめどなく溢れたことを思い出します。

その時から私の中に根づき、子どもたちを産み育てている中で何度も繰り返しこみ上げる、揺るぎない想いがあります。それは、

「存在しているだけであなたは愛され、周りを幸せにしているのだ」

ということ。

そして「自分」も、「あなた」も、すべての人がそんな存在であるのだ、ということを伝えたくて、このメッセージブックを書きました。

子どもと交わしたあの言葉、子どもと見た空の色、子どもが本当に欲しがったもの、あなたが本当に欲しかったもの、隣で笑っている子どもの存在があることの喜び、子どもの寝息を数えて眠れる幸せ、握った小さな手が当たり前のように握り返してくれるぬくもり、当たり前になりがちな毎日が奇跡のような日々の連続であること。より多くのことを望みがちな私たちが生きる今この瞬間が、もうこれ以上ないほどに「幸せに満ち溢れている」ということを。

どうか忘れないでいてください。

『おだやかママの 幸せ子育て法』

LICO 著・主婦の友社刊・1296 円（税込） 192P

池川明先生も大絶賛のシリーズ第１弾。 Ameba公式トップブロガー、 ３児の母・LICOの超人気育児ブログを書籍化。イヤイヤ・ダダっ子にはどう接したら？ 叱る & 怒るはどうちがう？ だれもが感じる子育てのちょっとした「たいへん」を乗り切るコツ。毎日の育児に取り入れられるヒント満載です。

『もうムダに怒らない！ おだやかママの幸せ子育て法』

LICO 著・主婦の友社刊・1296 円（税込） 192P

くわばたりえさん大推薦！ ４コマ漫画はじめイラストも豊富になり、 さらにパワーアップして読みやすくなりました。子育てしていてイライラしたことがないママなんていません！ でも「なるべく怒りたくない」そんなママへのヒントが満載。ママちゃんことLICOさん育児法のファン、全国に増殖中です！

本書は書き下ろし原稿に加え、著者のブログ「子どものこころが穏やかに育つ魔法の育児法」
http://ameblo.jp/licolily/ から一部抜粋し、加筆、修正を加えて編集しました。

■乱丁本、落丁本はおとりかえします。お買い求めの書店か、主婦の友社資材刊行課（電話 03-5280-7590）にご連絡ください。
■内容に関するお問い合わせは、主婦の友社（電話 03-5280-7537）まで。
■主婦の友社が発行する書籍・ムックのご注文は、お近くの書店か主婦の友社コールセンター（電話 0120-916-892）まで。
＊お問い合わせ受付時間　月～金（祝日を除く）　9：30 ～ 17：30

主婦の友社ホームページ　http://www.shufunotom.co.jp/

ISBN978-4-07-415221-6

た -043001

イラスト　芳野
デザイン　辻 祥江
校閲　櫻井健司（コトノハ）
編集　吉満明子（センジュ出版）
編集デスク　大隅優子（Como 編集部）
コーディネート　勝川賢一（主婦の友社）

不安《ふあん》なあなたがゆっくりラクになるメッセージ

著者　LICO《リコ》
発行者　荻野善之
発行所　株式会社主婦の友社
〒 101-8911
東京都千代田区神田駿河台 2-9
電話　03-5280-7537（編集）
電話　03-5280-7551（販売）
印刷所　大日本印刷株式会社